8°V
7237

BIBLIOTHÈQUE DES ACTUALITÉS INDUSTRIELLES. N° 34.

LE

CHEMIN DE FER GLISSANT

DE

GIRARD ET BARRE

PAR

MAX DE NANSOUTY

INGÉNIEUR DES ARTS ET MANUFACTURES

Avec figures dans le texte

PARIS
TIGNOL, ÉDITEUR
Acquéreur des publications scientifiques, industrielles, et agricoles
de la Librairie Eugène Lacroix
45, QUAI DES GRANDS-AUGUSTINS, 45
Le 15 Juillet 1890, la Librairie sera transférée même quai, n° 53 bis

LE

CHEMIN DE FER GLISSANT

8° V
7237 (34)

LE

CHEMIN DE FER GLISSANT

8° V
7237 (34)

LE CHEMIN DE FER GLISSANT DE GIRARD ET BARRE

Vue de la ligne d'essai de l'Exposition de 1889.

LE CH

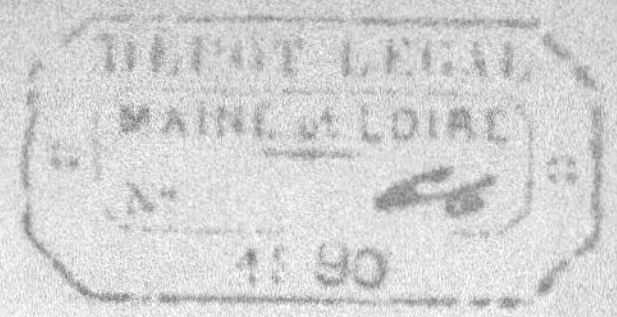
DÉPOT LÉGAL
MAINE et LOIRE
N° 46
1890

LE

CHEMIN DE FER GLISSANT

DE

GIRARD ET BARRE

BIBLIOTHÈQUE NATIONALE
R.F.
IMPRIMÉS

PAR

MAX DE NANSOUTY
INGÉNIEUR DES ARTS ET MANUFACTURES

Avec figures dans le texte

PARIS
TIGNOL, ÉDITEUR
Acquéreur des publications scientifiques, industrielles, et agricoles
de la Librairie Eugène Lacroix
45, QUAI DES GRANDS-AUGUSTINS, 45
Le 15 Juillet 1890, la Librairie sera transférée même quai, n° 53 bis

LE

CHEMIN DE FER GLISSANT

A PROPULSION HYDRAULIQUE

DE L'EXPOSITION DE 1889

I

Historique.

On a fort remarqué à l'Exposition universelle de 1889 le chemin de fer glissant du système L.-D. Girard perfectionné par M. Barre ; il attirait de nombreux visiteurs séduits par l'originalité de ce nouveau moyen de propulsion sur lequel on a justement fondé, pour un certain nombre de cas spéciaux, de sérieuses espérances.

Nous lui consacrerons tout d'abord, avant de le décrire, quelques mots d'historique justifiés par la personnalité, intéressante elle-même, de son auteur dont les traditions ont été reprises par M. Barre avec un réel talent.

Tous les Ingénieurs connaissent le nom de Girard. Il a laissé dans la Science appliquée une trace profonde et bien que son esprit le portât sans cesse vers la découverte, bien qu'il fût un lutteur perpétuel contre les difficultés de l'inconnu, son œuvre pratique est considérable.

Ses travaux, en hydraulique, lui avaient conquis l'un des premiers rangs.

Il nous suffira de rappeler ici qu'il fut le promoteur des turbines à axe horizontal, des pivots hydrauliques pour les turbines, et des barrages munis de vannes à presse hydraulique.

Il inventa les clapets à ressort extérieur et apporta de nombreux perfectionnements aux modèles usuels de turbines et aux pompes à piston plongeur.

L'emploi de l'eau sous pression pour annihiler les frottements se retrouve, comme principe, dans un grand nombre des appareils combinés par Girard. Il était logique, ainsi que cela s'est produit, que ce remarquable Ingénieur hydraulicien songeât à en faire l'application au glissement et à la propulsion des trains de chemins de fer ; c'est, en effet, ce qui s'est produit.

Dès l'année 1852, il avait imaginé de faire mouvoir des trains roulants ordinaires au moyen de jets d'eau horizontaux placés sur la voie ferrée. En 1854, il se préoccupait de supprimer le *roulement* des wagons sur les rails et de le remplacer par le *glissement*. Ce fut, tout d'abord, l'air comprimé auquel il songea, dans ce but, comme fluide interposé entre des patins remplaçant les roues des véhicules et les rails ; mais il y renonça bientôt, d'une part, en raison de la fluidité extrême de cet agent intermédiaire, d'autre part et surtout, en raison de son prix de revient élevé.

Il revint donc à l'emploi de l'eau sous pression que nous trouvons dans le système actuel.

Ce principe adopté et la suppression des roues étant admise, Girard étudia et expérimenta différentes formes de surfaces glissantes.

En 1861, il présenta à l'empereur Napoléon III le premier patin glissant sur l'eau.

Enfin, en 1862, il établit dans sa propriété de la Jonchère, près de Paris, la première voie glissante à propulsion hydraulique. Elle avait 40 mètres de longueur et une pente uniforme de 50 millimètres par mètre.

Malgré les difficultés du début et les défectuosités inhérentes à ce système entièrement nouveau, des résultats pratiques furent constatés, et Girard aurait pu certainement dès lors en tirer parti dans quelques applications restreintes. Mais son esprit inventif le portait à « faire grand » et il consacra tout d'abord, plusieurs années à essayer d'obtenir, sans succès la concession d'une voie de transports de son système entre Calais et Marseille.

En 1869 une concession avec subvention lui était accordée. Malheureusement, pendant la guerre de 1870, les troupes allemandes détruisirent son installation-type de la Jonchère et pour comble de malheur, en février 1871, quelques jours après la conclusion de l'armistice qui mettait fin aux hostilités, la balle d'une sentinelle prussienne vint tuer Girard pendant qu'il descendait la Seine en bateau.

Cette œuvre originale et dont il est difficile de prévoir l'avenir serait peut-être tombée dans l'oubli si l'un de ses anciens collaborateurs M. Barre, ancien élève de l'École centrale, ne l'avait reprise à l'occasion de l'Exposition de 1889, en la perfectionnant et en complétant les principaux organes qui la caractérisent : le *patin*, le *rail* et le *propulseur*. Grâce à toute une suite d'intelligents et savants efforts, elle a pu être présentée au public, pendant l'Exposition sur l'Esplanade des Invalides.

La ligne établie avait 150 mètres de longueur et chacun a pu s'assurer que son fonctionnement était satisfaisant. Il convient de conserver trace de cette intéressante expérience faite sur une large échelle en ayant soin, ce que nous ferons, de mettre en parallèle les dispositions primitives indiquées par Girard et modifiées par son continuateur.

2

Description des principaux organes du chemin de fer glissant

L'invention de Girard est basée, en réalité, comme nous venons de le dire, sur deux principes bien distincts.

Le premier, le plus important, réside dans le glissement du wagon sur une mince couche d'eau interposée entre les patins qui le supportent et des rails plats de même largeur. De même que dans les coussinets dits hydrauliques où l'eau sert de lubrifiant, il suffit de faire venir l'eau sous pression à l'intérieur des patins pour que ceux-ci soient légèrement soulevés comme s'ils flottaient sur la couche liquide. L'effort à la traction ou à la propulsion devient ainsi très faible.

Le second principe consiste dans la propulsion des trains au moyen de colonnes d'eau horizontales lancées par des ajutages fixes placés de distance en distance sur la voie et alimentés par les conduites d'eau sous pression. Ces jets d'eau viennent frapper contre les aubes d'une turbine rectiligne, en forme de crémaillère, qui est installée sous les wagons, et déterminent ainsi le mouvement du train.

Patins. — Le patin est, en somme, le principal organe du système et constitue, presque à lui seul, toute l'invention. Celui de Girard (fig. 1) était instable et frottait le rail, tantôt d'un côté, tantôt de l'autre, ce qui augmentait sensiblement la résistance au glissement et la laissait à 3 ou 4 kilogrammes par tonne de charge verticale. Désireux de dissimuler le ressort

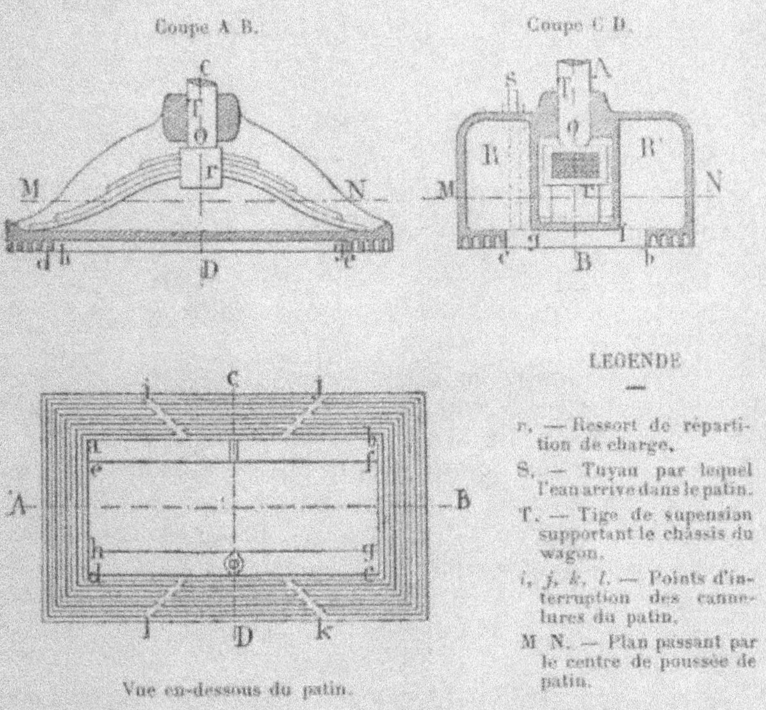

Fig. 1. — Patin combiné primitivement par Girard.

de répartition de charge *r* dans l'intérieur même du patin, l'inventeur avait donné à celui-ci le profil d'un chapeau de gendarme, ce qui avait nécessairement reporté en haut du patin le point d'appui O de la tige de suspension T. En même temps, le logement du ressort formait entre les deux réservoirs d'air R et R′ une large séparation dont le fond *gh* supportait une grande partie de la poussée de l'eau sous pression.

Si l'on considère que la surface *a b c d* est la surface d'action du patin et que plus des deux tiers étaient

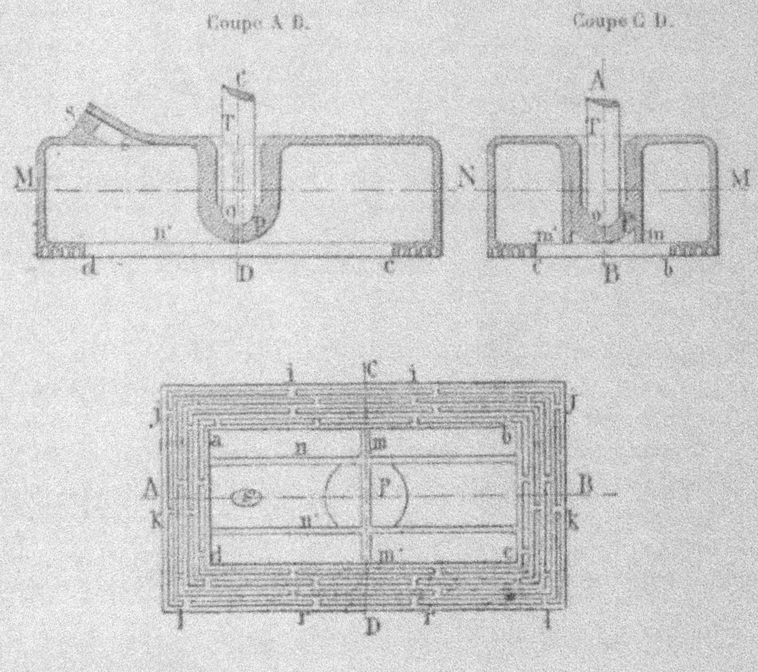

Fig. 2. — Plan et coupes du patin Girard perfectionné par M. Barre

formés par la paroi très basse *efgh*, on voit que le centre de poussée se trouvait dans un plan MN, situé bien au-dessous du point d'appui O, ce qui rendait le patin instable.

Pour remédier à cet inconvénient, M. Barre a reporté le ressort de répartition de charge à la partie supérieure de la tige de suspension et, afin de relever le centre de poussée à son maximum de hauteur, il a donné au patin la forme d'une boîte à dominos renversée (fig. 2).

Au centre de cette boîte se trouve une crapaudine P qui présente en O une surface sphérique, sur laquelle la tige de suspension vient prendre son point d'appui. A la partie supérieure, il a été ménagé un jeu suffisant autour de cette tige, pour permettre au patin d'obéir à tous les dévers possibles du rail. Cette disposition ramène aussi bas que possible le point d'appui O de la tige. D'autre part, la surface d'action *abcd* ne se trouve avoir ainsi que de très petites œuvres basses, formées par les nervures m, m', n, n', et par le fond P de la crapaudine; par suite, l'action de l'air comprimé se fait sentir sur les œuvres hautes du patin, et le centre de poussée se trouve toujours dans un plan passant bien au-dessus du point d'appui de la tige de suspension. On se trouve ainsi dans de bonnes conditions de stabilité.

Pour empêcher l'eau de courir dans les cannelures des gardes du patin et de venir sortir en trop grande abondance sur les côtés, M. Barre a multiplié les interruptions de ces cannelures et les a disposées en chicanes, ce qui réduit en même temps le débit du patin.

Nous allons indiquer maintenant comment fonctionne le patin, c'est-à-dire comment l'eau sous pression se trouve interposée pendant la marche entre le patin et le rail, en détruisant toute espèce de point de conctact entre eux.

L'eau arrive dans le patin par la tubulure *ss'*, et tend à s'échapper sur tout le développement du périmètre; mais elle est retenue dans ce mouvement par les quatre cannelures concentriques creusées dans les gardes. Elle arrive dans la première cannelure, elle y tourbillonne en produisant un remous qui détruit une première partie de sa puissance vive, et retient derrière elle les molécules d'eau qui suivent. Dans la deuxième cannelure, elle perd encore une autre partie de sa puissance vive; dans la troisième, également, et ainsi de suite. Sa vitesse d'écoulement se ralentit donc de plus en plus au fur et à mesure qu'elle approche de la périphérie, et son niveau s'élève dans l'intérieur du patin en comprimant l'air qui s'y trouve, ce qui produit dans les œuvres hautes une pression de plus en plus forte. Lorsque cette pression est suffisante pour soulever la charge supportée par le patin, ce dernier se sépare du rail et laisse échapper sur ces quatre côtés une mince couche d'eau qui a une épaisseur de $^1/_2$ à $^3/_4$ de millimètre, et tout point de contact avec le rail se trouve détruit.

M. Barre a essayé un patin de cette disposition, et voici les résultats qu'il a obtenus :

Le patin supportait une charge totale de 1.060 kilogrammes, y compris son propre poids, et était alimenté par un réservoir d'eau en charge sous pression d'air. La pression a varié de 3 kilogrammes à 1 kil. 900 dans le réservoir, pendant qu'elle se maintenait constante sous le patin à 1 kil. 800.

Le patin a débité 139 lit. 692 d'eau en 2 minutes 25 secondes, soit 0 lit. 963 par seconde, c'est-à-dire un peu moins de 1 litre.

La résistance au glissement pendant la marche n'était pas tout à fait de 0 kil. 500.

Rails. — Les rails doivent être disposés de façon à n'avoir aucune solution de continuité sur toute la longueur de la voie, tout en pouvant se dilater librement. En outre, ils ne doivent pas se désaffleurer à l'endroit des joints, sans quoi il se produirait, au passage du patin, un frottement qui augmenterait sensiblement la résistance à la propulsion.

Pour satisfaire à ces conditions, Girard faisait reposer les extrémités de deux rails consécutifs R et R' (fig. 3) sur une sellette en fonte *p*, et interposait entre elles un coin *c* de même métal, de même épaisseur et pouvant glisser sur chacune des extrémités par un contact à languette. Un ressort *r* tendait constamment à appuyer le coin *c* contre les abouts des deux rails taillés en sifflet à 45°.

Bien que dans ce dispositif les diverses conditions

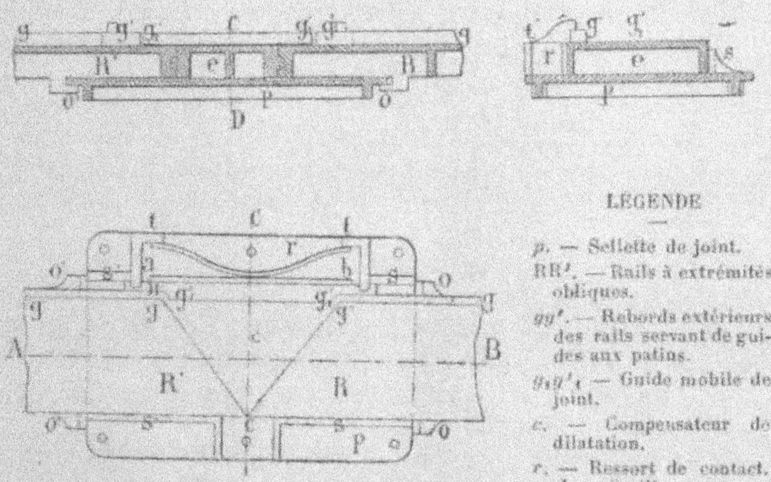

Fig. 3. — Rail Girard à compensateur métallique.

nécessaires à un bon fonctionnement semblassent réalisées au moins théoriquement, M. Barre n'a pas cru cependant devoir l'adopter, par crainte de la rouille et aussi à cause de son prix relativement assez élevé. Il a obtenu un joint plus économique, qui lui donne toute satisfaction, en adoptant la disposition suivante (fig. 4). La rail a la section d'un U renversé et repose sur des traverses, des longrines ou des dés en maçonnerie, au moyen de pattes *g* placées deux à chaque extrémité et deux au milieu ; ces deux dernières sont garnies de pointes de diamant qui empêchent les rails de ce déplacer dans le sens longitudinal de la voie lorsque, pendant les arrêts, les patins viennent à frotter.

Les abouts des rails portent une rainure légèrement

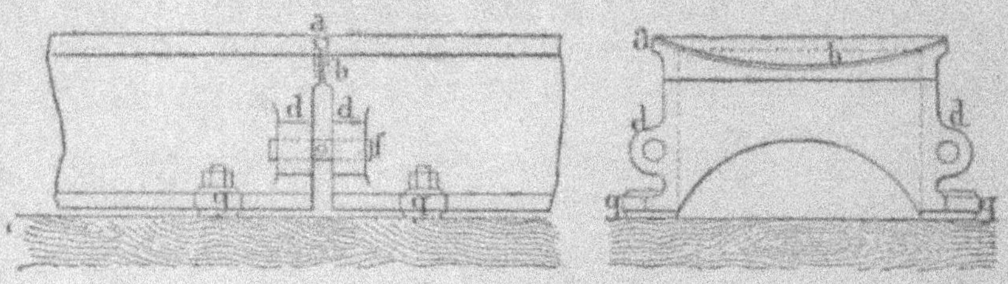

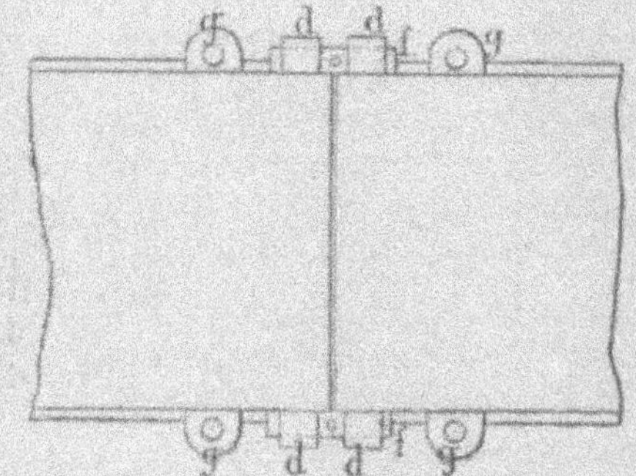

LEGENDE

—

ab. — Cannelures recevant le caoutchouc.

dd. — Oreilles d'accouplement.

ff. — Broches d'accouplement.

gg. — Pattes d'attaches du rail.

Fig. 4. — Rail à joint de caoutchouc avec broches d'accouplement.

courbe *a b*, destinée à recevoir un boudin en caoutchouc de 8 à 10 millimètres de diamètre. Lorsque le joint est serré de façon à rapprocher les extrémités des rails à 2 ou 3 millimètres l'une de l'autre, ce caoutchouc assure l'étanchéité d'une façon parfaite en créant au-dessus de lui un bassin de 2 ou 3 millimètres de largeur, qui est toujours plein d'eau. Il permet également toute dilatation du rail.

Au fur et à mesure de la pose des rails, on introduit des broches en acier *f* dans les oreilles d'accouplement *d d*. Une goupille, située en leur milieu, maintient ces broches en place. Les rails ne peuvent plus alors se désaffleurer en aucun sens.

Les rails que nous venons de décrire sont en fonte rabotée. A cause de leur prix, relativement élevé, il serait plus avantageux, dans la construction d'une grande ligne, d'employer des rails en fer ou en acier laminé.

D'autre part, le guidage des patins est fait au moyen de pattes en bronze phosphoreux ou en acier coulé, qui viennent frotter, à l'occasion, contre les joues *a* et *b* du rail ; mais cette disposition ne peut être employée que sur les lignes où il n'y a ni aiguillage, ni croisement, c'est-à-dire où les trains ne font qu'un service de navette aller et retour sur la même voie. Dans l'application industrielle, les rails portent extérieurement des fers à T, qui servent de guides aux patins et qui fournissent, en même temps le procédé le plus simple d'aiguillage qui existe pour les changements de voie.

Propulseur. — Nous venons de voir comment sont constitués les patins, organes de glissement, et les rails qui leur servent de point d'appui ; nous allons parler maintenant de l'autre partie principale de l'invention de Girard, c'est-à-dire des organes de *propulsion*.

Le propulseur imaginé et construit par Girard se compose de trois parties distinctes (fig. 5) : une boite à clapet B, un cylindre à cuir embouti C, et un robinet de manœuvre ou automoteur R. L'eau sous pression arrive par le tuyau T dans la boite à clapet. Celle-ci porte un clapet D, garni de cuir qui est appuyé sur son siège par la pression de l'eau et ferme hermétiquement la buse E du propulseur. La tige du clapet traverse un presse-étoupe et porte à son autre extrémité un piston en cuir embouti P, d'un diamètre légèrement supérieur à celui du clapet. Le dessous du piston peut être mis en communication avec la boîte à clapet par le tuyau *t* et le robinet R à trois voies.

Sous le tender est placée une aiguille qui ouvre le robinet R lorsque le train arrive sur le propulseur correspondant. Le cylindre C reçoit alors l'eau sous pression et, par suite, le clapet D est entraîné jusqu'à ce qu'il vienne reposer sur le buttoir H. Le propulseur est alors ouvert et l'eau jaillit par le bec G, pour actionner la turbine rectiligne I, placée sous les wagons d'un bout à l'autre du train.

Une aiguille semblable, mais placée en sens inverse sous le dernier wagon du train, ferme le robinet R. Aussitôt, le cylindre C cesse de recevoir l'eau sous pression et est mis en communication avec l'atmosphère par l'orifice *o*. Le ressort S aide au refoulement du piston C, et l'eau, qui s'échappe autour du clapet D, tend à précipiter ce dernier sur son siège. Un choc violent se produirait si l'orifice O, qui est d'un diamètre déterminé, ne venait jouer le rôle de frein hydraulique.

Dans le but de faire disparaître totalement les chocs en question, M. Barre a d'abord diminué la perte de charge qui se produisait sous le clapet du propulseur, en terminant celui-ci en forme de cône parabolique. De plus, il a ajouté sur la face interne du piston P un tampon hydraulique constitué par un disque *p* qui pénètre à frottement gras dans une boîte cylindrique en bronze *a*.

La pénétration du disque dans la boîte n'est que de quelques millimètres et ne se produit qu'au moment où le clapet du propulseur, animé de sa plus grande vitesse, arrive tout près de son siège.

D'un autre côté, pour soustraire la buse du propulseur à l'action de la gelée, M. Barre a placé a sa

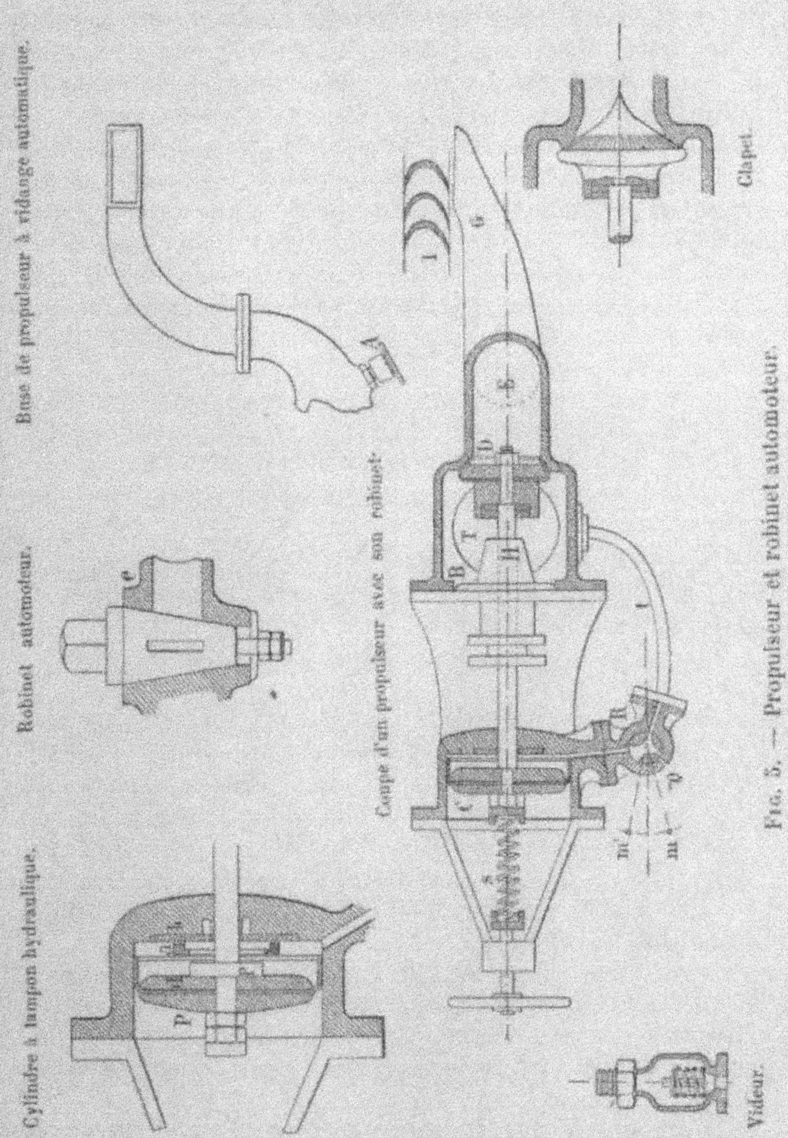

Fig. 5. — Propulseur et robinet automoteur.

partie inférieure, en A, un clapet de vidange automatique.

Une soupape conique se trouve soulevée et maintenue à quelques millimètres de son siège par un ressort à boudin capable de vaincre la pression représentée par la hauteur de la colonne d'eau contenue dans la buse du propulseur lorsque le clapet de ce dernier est fermé. C'est alors que s'opère la vidange. Lorsque le propulseur, au contraire, est ouvert, la pression de l'eau ferme la soupape et l'appareil est étanche.

3

Organes complémentaires.

Nous venons de décrire les trois principaux organes du chemin de fer hydraulique, c'est-à-dire le patin, le rail et le mode de propulsion ; nous allons maintenant parler des organes complémentaires et de l'établissement de la voie.

Appareils de mise en marche. — Il est tout d'abord nécessaire de fixer la longueur minima des trains qui doivent circuler sur la ligne. Une fois cette longueur déterminée et arrêtée à un chiffre quelconque, 100 mètres par exemple, il faut placer sur chaque voie des propulseurs, au moins tous les 99 mètres, de manière à ce qu'avant qu'un propulseur cesse de fonctionner, le suivant commence déjà a actionner le train ; en outre, il faut les disposer tantôt dans un sens, tantôt dans l'autre, de façon à ce qu'un train forcé de s'arrêter pour une cause quelconque, puisse ensuite reprendre sa marche, en avant ou en arrière, suivant les besoins.

Les propulseurs étant ainsi établis, il reste une difficulté à vaincre.

Supposons, en effet, un train s'arrêtant par suite d'un signal; il peut arriver que le propulseur de marche-avant ait été ouvert par l'aiguille de tête et qu'il continue à lancer sa colonne d'eau sur le train au repos. Il faut donc fermer immédiatement ce propulseur, puis, il faudra le rouvrir pour se remettre à marcher en avant, ou bien ouvrir le propulseur de la marche-arrière pour reculer, suivant les exigences de la manœuvre à exécuter.

Ce sont ces ouvertures et ces fermetures rapides des propulseurs pendant les arrêts qui constituaient le problème à résoudre, problème assez complexe, attendu que les robinets de manœuvre des propulseurs peuvent se trouver en un point quelconque de la longueur du train.

Voici la disposition adoptée par M. Barre pour tourner la difficulté (fig. 6).

Considérons l'une des lignes de propulseurs, celle de la marche-avant, par exemple; les manetons des robinets de manœuvre de ces propulseurs occupent, dans leur position extrême transversale les positions A et A'. En dehors de ces deux positions, et sur toute la longueur du train, règnent deux files ininterrompues de tubes en fer B B' portées par des bras en fer forgé C C' qui viennent se réunir à des douilles D calées sur une ligne d'arbres en fer E régnant également sur toute la longueur du train. Aux accouplements des voitures, les tubes et les arbres sont prolongés par des manchons à la Cardan. Sous chaque voiture et près de la traverse médiane, une manivelle à œil oblong se trouve calée sur l'arbre E; cette manivelle peut être actionnée dans un sens ou dans l'autre par la tige G d'un piston H à double cuir embouti, suivant que la pression arrive dans le cylindre par le tuyau I ou par le tuyau I'. La tige du piston est prolongée de l'autre côté du cylindre en K et porte une rondelle fixe qui comprime contre les pattes P et P' du support N, tantôt le ressort M, tantôt le ressort M'. L'ensemble de ces cylindres et des différents supports et guides se trouve fixé sur la traverse médiane du châssis de chaque voiture.

Tous les tuyaux I des différentes voitures se trouvent branchés sur une conduite R, et tous les tuyaux I' sur une autre conduite R'. Ces deux conduites R et R' viennent aboutir sur le tender où elles débou-

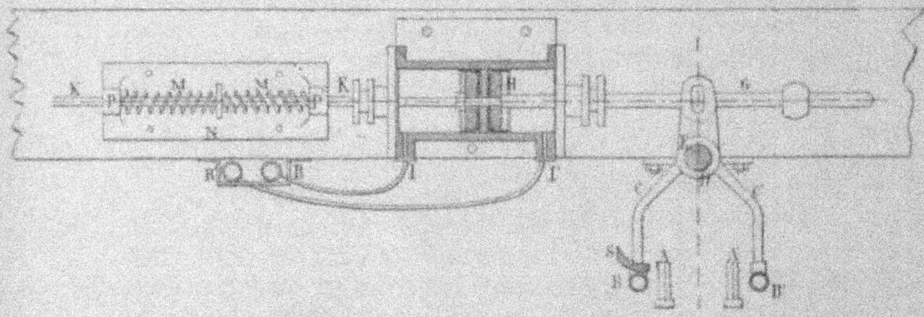

Fig. 6. — Coupe longitudinale théorique d'un cylindre de mise en marche du chemin de fer glissant.

chent dans deux bouteilles en métal de quelques litres de capacité chacune. Les deux compartiments des cylindres H, leurs branchements I et I', les conduites R et R', ainsi que la moitié de la hauteur des deux bouteilles correspondantes, sont remplis de glycérine ; la partie supérieure de chaque bouteille communique avec un petit réservoir à air comprimé au moyen d'un tuyau commandé par un robinet à trois eaux de 5 à 8 millimètres d'ouverture. La position normale de ces deux robinets met en communication la partie supérieure des bouteilles avec l'atmosphère. On comprend dès lors que si l'on tourne la clé de l'un des deux robinets à trois eaux, de façon à mettre la bouteille correspondante en communication avec le réservoir à air comprimé, la pression de ce dernier refoule la glycérine de la bouteille à travers la conduite et la fait pénétrer du même côté, et à la fois, dans tous les cylindres correspondants du train ; les pistons de ces derniers sont tous poussés dans le même sens et l'une des deux lignes de tubes en fer B ou B' décrit un arc de cercle autour de l'arbre E, entrainant ainsi le maneton du robinet de manœuvre des propulseurs pour fermer ces derniers par exemple. Pendant ce mouvement, la glycérine contenue dans les parties non actionnées des cylindres s'écoule par la seconde conduite, vient s'accumuler dans la seconde bouteille ouverte à l'air libre et dont le niveau s'élève ; en même temps l'un des ressorts M ou M' se trouve comprimé.

Lorsqu'on remplace la clé du robinet à trois eaux, que l'on vient de manœuvrer, dans sa position normale, l'air comprimé contenu dans la bouteille correspondante s'échappe brusquement dans l'atmosphère et alors *trois forces* tendent à ramener immédiatement les deux lignes de tubes B et B' dans leur position normale et à les y maintenir : ces trois forces sont : 1° la différence de niveau des deux bouteilles ; 2° le *mouvement* dû à la gravité du système B C E C' B' dont le centre de gravité se trouve en dehors de la verticale ; 3° enfin, la tension du ressort à boudin comprimé qui tend à s'équilibrer sur celui qui est détendu.

Quand on ouvre le propulseur, au lieu de le fermer, pour reprendre la marche en avant, c'est le second robinet à trois eaux que l'on manœuvre.

L'ensemble du système que nous venons de décrire est supposé s'appliquer à la ligne du propulseur de la marche-avant : pour celle des propulseurs de la marche-arrière, un second système, exactement sem-

2

blable, se trouve établi d'une façon symétrique sous les wagons.

En résumé, au moyen de quatre petits robinets qui portent les indications nécessaires pour éviter toute erreur, le conducteur d'un train en stationnement peut, à sa volonté, repartir instantanément en avant ou en arrière.

Aiguilles. — Lorsqu'un train est en marche, les propulseurs qui doivent l'actionner sont ouverts et fermés automatiquement, ainsi que nous l'avons dit, par des aiguilles spéciales placées en tête et en queue du train. Ces aiguilles sont au nombre de quatre : deux à l'avant, dont l'une pour ouvrir les propulseurs de la marche-avant et l'autre pour fermer ceux de la marche-arrière.

Les deux aiguilles de l'avant sont conjuguées et manœuvrées par un seul levier ; de même celles de l'arrière, afin d'éviter toute erreur dans la concordance des aiguilles d'avant et d'arrière, les deux secteurs à crans sur lesquels se meuvent les deux leviers sont réunis par deux circuits électriques.

Les aiguilles adoptées (fig. 7) ont une surface d'action *a b c* qui affecte, en plan, la forme parabolique.

Le maneton M du robinet de manœuvre vient, à l'origine, se présenter parallèlement à la branche de la parabole et prend contact, sans choc, avec l'aiguille qui le laisse dans la position extrême M″. L'aiguille de queue, placée en sens inverse, la ramène de la position M″ à la position M. Chaque aiguille est déplacée par un doigt robuste pénétrant dans l'œil *e* : un tirant *t* maintient horizontale l'aiguille qui se déplace en pivotant autour de l'axe A B.

Amortisseurs. — Pour recevoir la veine liquide échappée des propulseurs à sa sortie de la turbine rectiligne du train, M. Barre emploie des appareils spéciaux, appelés *amortisseurs*, qui brisent la colonne d'eau et ramènent celle-ci dans le canal collecteur qui doit la conduire de nouveau aux pompes de compression.

Ces appareils représentés en A B C D sur notre dessin (fig. 8) sont placés à poste fixe sur la voie en regard des propulseurs P, de façon à ce que la double

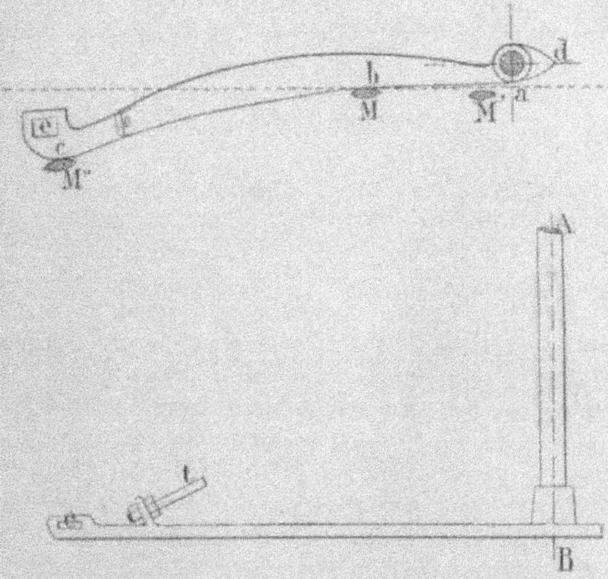

Fig. 7. — Élévation et plan d'une aiguille.

turbine rectiligne du train TT' passe dans l'intervalle libre laissé entre eux avec un jeu suffisant de chaque côté.

Un amortisseur est formé de trois pièces principales : 1° une tôle de fond *a b c d e f* ; 2° deux joues *a g* D *f*, également en tôle, rivées sur la première.

Trois tôle *t t' t''*, affectant des formes paraboliques parallèles à *a b c* sont réunies par des boulons au dos de l'amortisseur et aux cornières M et N qui raidissent les joues ; à leur partie inférieure sont fixées huit rangées de chaines pendantes et sans fin. Deux tirants R, fixés sur la voie, s'opposent au renversement de l'amortisseur.

Lorsque la veine liquide sortant du propulseur P a traversé la turbine rectiligne, elle s'engage et se divise entre les tôles paraboliques de l'amortisseur qui changent sa direction et la conduisent à la naissance des chaines pendantes, ces dernières, entraî-

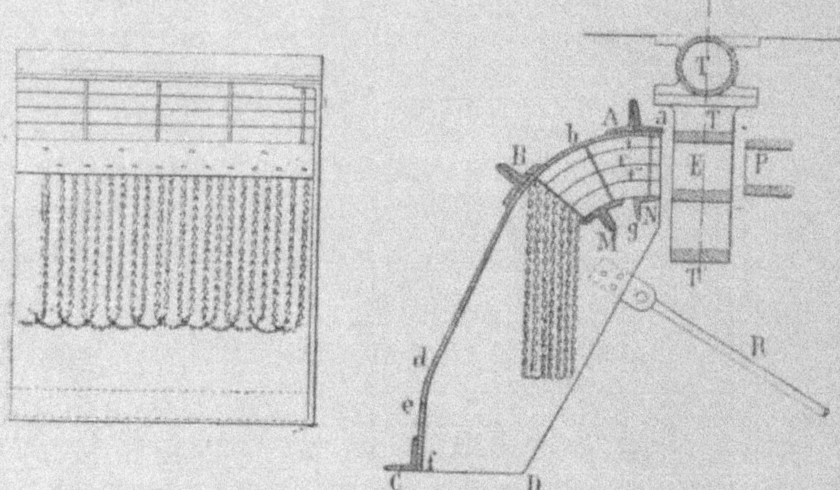

Fig. 8. — Vue de face partielle et coupe d'un amortisseur.

nées par la veine liquide, prennent forcément la même direction et se noient dans la masse de l'eau dont elles brisent la vitesse avant de la laisser retomber dans le canal collecteur.

Appareils d'alimentation des patins. — Nous avons vu que le patin glissant est l'organe essentiel et primordial de l'invention de Girard. |

Comme il consomme, d'une façon continue, une quantité d'eau relativement importante pendant tout le temps que le train est en marche, il s'agit, avant tout, de pouvoir constamment l'alimenter d'eau sous pression, et ce n'est pas là la moindre difficulté du système. Nous allons indiquer les dispositions adoptées par M. L. Barre.

Pour de petits trains et de faibles parcours de 300 à 1.500 mètres, sans arrêt, il suffirait de placer sur le tender de simples accumulateurs à air comprimé que l'on chargerait aux stations, au moyen de l'eau de la conduite générale, pendant la descente et la montée des voyageurs.

Pour les grands parcours, sans arrêt, on pourrait placer sur le tender une machine de 10, 20 ou 30 chevaux, suivant la longueur des trains, pour actionner des pompes de compression. Les bâches d'aspiration de ces pompes, disposées longitudinalement de chaque côté du tender, seraient alimentées en vitesse par des injecteurs verticaux placés de distance en distance sur la voie, tous les 100 mètres, par exemple, qui y emmagasineraient l'eau à la pression atmosphérique.

On pourra encore simplifier cette disposition en fermant les bâches d'aspiration du tender et en plaçant des réservoirs semblables sous les wagons, commandés par des clapets paraboliques qui se soulèvent sous la puissance vive de l'eau lancée par les injecteurs d'alimentation. Ces réservoirs emmagasineront alors l'eau et l'air entraîné sous une pression de 3 kil. 5, suffisante pour soulever les patins. De cette façon l'on supprimera la machine et les pompes de compression placées sur le tender, et l'on reviendra encore à un chemin de fer sans fumée. Ces réservoirs d'alimentation seront disposés de telle façon qu'ils puissent recevoir et emmagasiner directement l'eau de propulsion à sa sortie de la turbine, ce qui permettrait de faire des trajets indéfinis sans arrêts.

La tuyauterie générale placée sous les wagons alimente chaque patin par un branchement spécial, qui, à sa jonction avec le raccord du patin, porte, dans son intérieur, un petit papillon commandé par le longeron du wagon. Lorsque le véhicule est vide, les ressorts de répartition de charge éloignent les longerons du rail, et les papillons se ferment en réduisant au minimum la section libre laissée au passage de l'eau. Lorsque, au contraire, le wagon est chargé, les ressorts de répartition de charge fléchissent, les longerons se rapprochent des rails et ouvrent les papillons en leur donnant le maximum d'ouverture. En un mot la charge supportée par le wagon règle elle-même l'arrivée de l'eau dans le patin, et ce dispositif permet de réduire au minimum le débit des patins.

4

Précautions contre la gelée.

Une des premières objections qui se présentent naturellement est celle de l'action du froid dans un système qui repose entièrement sur l'emploi de l'eau. Il est donc indispensable de prendre des dispositions pour soustraire l'ensemble du système à l'action de la gelée.

Comme tout le liquide dépensé par les différents organes est soigneusement recueilli, et que c'est toujours le même qui est employé, M. Barre estime que, dans nos climats, on peut assurer un service régulier en mélangeant à l'eau $^1/_5$ de son volume de glycérine. En admettant que la perte totale atteigne 1 % du liquide employé, celle en glycérine ne serait que de 0,2 %. Au lieu de glycérine on peut employer du chlorure de magnésium, dont le prix est beaucoup moins élevé que celui de la glycérine et qui n'attaque pas les métaux : il suffirait de mettre 1 de chlorure pour 7 d'eau.

Si on préfère employer de l'eau sans mélange, il faut alors placer à l'abri du froid la conduite-maîtresse, les accumulateurs et les propulseurs. Dans le cas d'un chemin de fer aérien sur estacade métallique, ces différents organes seront garantis par un coffrage en bois installé entre les poutres de rive. Le réservoir d'aspiration des pompes sera disposé de façon à pouvoir être chauffé en hiver. Avec des froids de — 15°, par exemple, il suffirait d'entretenir l'eau à + 16° pour que tous les appareils puissent rester inactifs pendant vingt heures avant de tomber à zéro.

La mince couche de glace qui peut se former contre les parois du canal collecteur de la voie, après le passage d'un train, sera fondue et entraînée par l'eau du train suivant, qui enlèvera également celle qui peut se déposer sur les rails. La seule précaution à prendre sera de décoller le patin de dessus les rails après un long stationnement, en y faisant circuler pendant quelques secondes un courant de vapeur avant la mise en marche.

Dans le cas d'une ligne posée sur le sol, les appareils de propulsion seraient coffres dans une galerie située sur les côtés ou bien en-dessous de la voie.

Toutefois, dans les pays froids, les coffrages ne seraient sans doute pas suffisants et on serait obligé d'employer le mélange d'eau et de glycérine ou de chlorure de magnésium.

5

Établissement de la voie.

Le mouvement de glissement étant d'une douceur extrême et ne produisant aucune secousse, la voie d'un chemin de fer glissant peut s'établir directement sur le sol sans l'emploi d'aucune espèce de ballast. Cette faculté, jointe à la facilité que l'on a de franchir des rampes considérables et des courbes de petit rayon, c'est-à-dire de suivre en majeure partie le profil naturel du terrain, permettra de réaliser une économie assez sensible dans les travaux de la voie. Toutefois, les frais de premier établissement seront, au total, plus élevés que ceux d'un chemin de fer roulant, dans le cas d'une ligne établie sur le sol et dans un pays absolument plat. Au contraire, dans les pays accidentés où l'on pourra en partie supprimer les travaux d'art, et dans le cas d'un chemin de fer aérien où l'on pourra employer des travaux d'art plus légers, l'installation d'une voie glissante ne coûtera pas généralement plus cher que celle d'une voie ordinaire.

La vitesse d'un train glissant est très considérable et il n'y aurait aucun intérêt économique à la diminuer pour certains transports. Il en résulte que, dans les courbes, le frottement ne sera pas plus grand qu'en ligne droite, parce que tous les trains arriveront avec la même vitesse à l'origine de ces courbes et que le dévers des rails pourra être établi de façon à ce qu'il détruise entièrement l'action de la force centrifuge, ce qui ne peut se faire dans les chemins roulants, où il y a autant de vitesses que de trains différents.

Une règle spéciale doit être observée dans le tracé du profil en long des lignes de grand parcours avec stations intermédiaires. Chaque gare d'un chemin de fer glissant doit, en effet, être placée sur un point culminant, de manière à ce que les trains qui desservent cette gare puissent s'arrêter sur la pente s'inclinant dans le sens de leur marche. Cette disposition est extrêmement favorable au démarrage des trains, qui se fait alors sans secousse, sans perte d'eau de propulsion, par le fait seul de la gravité. Lorsqu'on ouvre le robinet d'alimentation des patins, ceux-ci se soulèvent, le train descend rapidement la pente pour atteindre le premier propulseur, qui lui donne l'impulsion suffisante pour gagner le deuxième et ainsi de suite.

Entre les deux files de rails, et sur les accotements, une chape en béton, recouverte de ciment, est disposée de façon à faciliter l'écoulement de l'eau vers les points bas du profil. Là, cette eau peut être reprise par le moteur hydraulique ou à vapeur pour servir de nouveau à la propulsion.

Enfin, pour parer à la rupture possible de la conduite-maîtresse en un point quelconque, il suffirait de placer de distance en distance, sur cette conduite, des appareils spéciaux munis de clapets qui ferment automatiquement la conduite en cas d'accident. De cette manière, le service ne se trouverait pas interrompu et l'on n'aurait à réparer que la longueur comprise entre deux appareils consécutifs.

6

Exploitation.

Quand on pourra utiliser, pour produire toute la propulsion, les grandes chutes d'eau que l'on rencontre souvent dans le voisinage des montagnes, les frais de traction seront alors peu élevés et se réduiront pour ainsi dire à l'entretien de la conduite et des appareils.

Dans le cas le plus défavorable, c'est-à-dire celui où l'on serait obligé d'employer des machines à vapeur fixes et des pompes de compression, on pourrait obtenir encore une économie notable dans les frais de traction, ainsi qu'il paraît résulter du calcul suivant, établi par M. Barre :

Si l'on considère un express roulant ordinaire composé de huit voitures de 1re classe, de deux fourgons à frein, d'une locomotive et d'un tender en charge, l'ensemble de ce matériel présente un poids mort de 111 tonnes, et en supposant le train complet, le poids utile en voyageurs et en bagages est de 22 tonnes ; soit ensemble un poids total de 133 tonnes à remorquer.

La résistance totale au roulement de ce train est au minimum de 873 kilogrammes, soit 6 kil. 56 par tonne. S'il marche à la vitesse de 60 kilomètres à l'heure, c'est-à-dire à $16^m,66$ par seconde, le travail résistant du train est de :

$$873 \times 16,66 = 194 \text{ chevaux environ.}$$

L'allocation en charbon est au minimum de 7 kilogrammes par kilomètre. La locomotive brûlera donc par heure, pour remorquer 22 tonnes de poids utile :

$$7 \times 60 = 420 \text{ kilogrammes de charbon.}$$

Pour transporter le même poids utile de 22 tonnes en voyageurs et bagages avec le système glissant, le poids mort sera d'environ 31 tonnes, ce qui fera un poids total de 53 tonnes à remorquer.

Comme la résistance au glissement n'est au maximum que 1 kilogramme par tonne, elle se réduira au total à 53 kilogrammes qui, multipliés par la vitesse de 16m,66 par seconde, ne représentent pas un travail de 12 chevaux.

Les machines à vapeur fixes employées à la compression de l'eau sont des machines perfectionnées qui consomment couramment 1 kilogramme de charbon par cheval en eau montée et par heure. Admettons, par contre, que la turbine, au lieu de rendre 70 % de la force que l'on met à sa disposition, ne rende que 50 % ; cela reviendra au même que si les machines fixes consommaient 2 kilogrammes de charbon par heure et par cheval, comme les locomotives.

Le système glissant dépenserait donc par heure, pour transporter les 22 tonnes de poids utile :

$$12 \times 2 = 24 \text{ kilogrammes de charbon,}$$

au lieu de 420 kilogrammes consommés par la locomotive, soit plus de 94 % d'économie.

Parmi les autres économies qui pourraient résulter de l'exploitation du système glissant, M. Barre a signalé, entre autres, celles qu'on retirerait de la suppression totale du graissage des roues des véhicules, de la suppression des bandages, fusées, coussinets, ressorts de traction, freins à bras, à air comprimé ou à vide, etc. Il ajoute que l'entretien des caisses de wagons glissants et celui des machines motrices apporteraient dans l'exploitation une économie de plus de 66 %.

Nous n'entreprendrons pas ici la discussion de tous ces chiffres; mais il est bien probable que dans la pratique, beaucoup de causes viendraient s'ajouter, qui diminueraient considérablement le taux de l'économie susceptible d'être théoriquement réalisée dans l'exploitation.

7

Fonctionnement.

Voici comment M. Barre a établi les calculs relatifs à l'effort de poussée exercé par un propulseur, à l'accélération donnée au train, et à la rampe que le train pourra franchir avec une vitesse donnée :

Supposons un train descendant d'une station par sa propre pesanteur et arrivant au premier propulseur avec une vitesse de 4 mètres par seconde, par exemple. Admettons que les propulseurs lancent l'eau sous une pression effective de 10 kilogrammes par centimètre carré, ou de 100 mètres de hauteur d'eau, et qu'ils aient une section de sortie de 28 centimètres carrés. Chacun d'eux aura, par seconde, un débit de :

$$Q = 0{,}85 \times 0{,}0028 \times \sqrt{2g \times 100} = .05^{\text{lit}},4$$

(en prenant 0,85 pour coefficient pratique d'écoulement).

Si la turbine rectiligne du train, et par conséquent le train lui-même, marchait avec une vitesse de 22 mètres par seconde, c'est-à-dire égale à la moitié de la vitesse de l'écoulement de l'eau du propulseur sous la pression de 10 kilogrammes, cette turbine utiliserait, comme les turbines circulaires ordinaires marchant au régime, 70 % de la force disponible, et le propulseur aurait une force utile de :

$$F = 105{,}4 \times 100 \times 0{,}70 = 7.378 \text{ kilogrammètres,}$$

et l'effort de propulsion exercé sur le train serait de :

$$E = \frac{7378}{22} = 335 \text{ kilogrammes environ.}$$

Mais, comme le train ne marche en réalité qu'à la vitesse de 4 mètres, il convient de multiplier cet effort par un certain coefficient qu'on détermine d'après une épure sur le tracé des aubes, et que nous évaluons ici à 1,35. Ce coefficient diminue d'ailleurs au fur et à mesure que la vitesse du train augmente.

Le premier propulseur exercera donc en réalité sur le train un effort de poussée de :

$$E = 335^k \times 1,35 = 452^k,20,$$

soit en chiffres ronds, 450 kilogrammes.

Si nous supposons maintenant un train composé de 4 voitures et d'un tender et contenant 120 voyageurs, son poids total, décomposé comme suit :

4 voitures à 250 kilogr. de tare. .	Kil.	10.000
1 tender.		7.000
120 voyageurs à 70 kilogr.		8.400
Bagages.		800
sera de.	Kil.	26.200

et sa résistance au glissement sera de :

$$26^t, 200 \times 1 = 26^k, 200,$$

en sorte que, si après le premier propulseur la voie est en palier, la force accélératrice totale sera de :

$$450^k - 26,200 = 423^k,8$$

et l'accélération donnée au train :

$$J = 9,81 \times \frac{423^k,83}{26,200} = 0^m,1586,$$

soit $0^m,159$ en chiffres ronds, par seconde.

Le train ayant, dans le cas que nous considérons, 35 mètres de longueur environ, sera toujours en contact avec un propulseur, et si ces derniers sont placés tous les 35 mètres, la vitesse de 22 mètres sera atteinte au bout de 113 secondes 20, puisque :

$$0,159 \times 113^s,20 = 18 \text{ mètres.}$$

et que : $18^m + 4^m = 22$ mètres.

Avec des propulseurs placés tous les 35 mètres, le train considéré pourra franchir une rampe de $0^m,01617$, puisque :

$$26^t,2 \times 16^k,17 = 423^k,8\,;$$

mais, dans ce cas, la force accélératrice deviendra nulle, c'est-à-dire que le train conservera pendant cette ascension la vitesse qu'il avait au bas de la rampe.

Si nous supposons maintenant que les propulseurs employés aient une section double, soit de 56 centimètres carrés d'ouverture, la force de poussée qu'ils exerceront sur un train animé d'une vitesse de 4 mètres sera de :

$$(450^k - 26,2) \times 2 = 847^k,6,$$

et si nous avons un propulseur tous les 35 mètres, le train pourra franchir sans accélération une rampe de $0^m,03235$, puisque :

$$26^t,2 \times 32,35 = 847^k,6.$$

Si l'on place des propulseurs de 56 centimètres carrés de section tous les 7 mètres, il y aura toujours 5 propulseurs en prise avec le train et la force de poussée sera de :

$$847^k,6 \times 5 = 4.238 \text{ kilogr.}$$

Le train pourra alors franchir un rampe de $0^m,1617$ en conservant la vitesse qu'il avait au bas de cette rampe, puisque :

$$26^t,2 \times 161^k,7 = 4.248 \text{ kilogr.}$$

Enfin, on pourra toujours, en augmentant la section des propulseurs et celle de la turbine placée sous le train, et en rapprochant convenablement ces propulseurs, franchir une rampe quelconque avec une vitesse donnée.

Pour arrêter le train, il suffit de supprimer l'eau du glissement ; le patin n'étant plus alors soulevé, frotte aussitôt sur le rail et produit l'arrêt presque immédiat, ainsi qu'il résulte du calcul suivant :

Si nous considérons le train de 26.200 kilogrammes lancé avec une vitesse de 22 mètres par seconde, soit 79 kil. 2 à l'heure sur une voie en palier, et si nous supposons qu'on veuille arrêter avec toute la rapidité que comporte le système, on supprimera brusquement l'eau interposée entre les patins et les rails. Au moment où, par la fermeture du robinet d'alimentation des patins, ces derniers viendront reposer sur les rails, leur frottement déterminera une force retardatrice, dont la valeur sera, d'après ce que nous avons dit précédemment :

$$F = 26{,}2 \times 520 = 13.624 \text{ kilogrammes},$$

de sorte que l'accélération négative qui effectuera l'arrêt du train sera :

$$-J = 9{,}81 \times \frac{13624}{26200} = 5^m{,}10.$$

et la vitesse de 22 mètres du train sera éteinte en :

$$\frac{22}{5{,}1} = 4^s{,}31.$$

Pendant ce temps, le train aura parcouru un espace de :

$$e = 22 \times 4{,}31 - \frac{5{,}1}{2} \times \overline{43{,}1}^2 = 47^m{,}46.$$

Cet arrêt, si rapide qu'il soit, se fera sans aucune secousse. On peut, d'ailleurs, en manœuvrant convenablement le robinet d'alimentation des patins, ne pas supprimer complètement l'eau du glissement et, par suite, arrêter le train aussi lentement qu'on peut le désirer.

Avantages du système glissant.

Nous allons résumer ici les principaux avantages qui semblent devoir résulter de l'application du chemin de fer glissant :

1° Douceur de transport très grande : pas de trépidation, ni de mouvement latéral ;

2° Pas de bruit, pas de poussière ni de fumée ;

3° Les déraillements paraissent impossibles, puisque aucun corps étranger ne peut s'engager sous les patins, et que ceux-ci ne sont soumis, ni à des mouvements de ressaut ni à des mouvements de lacet ;

4° Arrêt presque instantané et sans choc ; par suite, les rencontres de trains pourront être facilement évitées ;

5° Facilité de gravir des rampes très fortes et de tourner dans des courbes de faible rayon ;

6° Vitesse pouvant atteindre en palier jusqu'à 200 kilomètres à l'heure, avec une pression de 22 kilogrammes dans la conduite maîtresse ;

7° Légèreté du matériel, et, par suite, légèreté des travaux d'art supportant la voie ;

8° Économie considérable dans les frais de traction et dans l'entretien des véhicules ;

9° Économie notable sur l'entretien des machines motrices.

M. Barre estime, comme nous l'avons déjà dit, cette économie à plus de 66 % et la considère comme devant résulter des deux causes suivantes : la première résidant dans la réduction de plus de moitié du nombre de chevaux-vapeur nécessaires pour l'exploitation d'un parcours moyennement accidenté ; la seconde provenant de ce que les machines fixes employées à la compression de l'eau sont des machines à condensation qui tournent lentement, dans les meilleures conditions, et qui ne sont pas soumises, comme les locomotives, aux mouvements de trépidation et de lacet, à la poussière, et à des vitesses d'organes excessives.

Quant aux inconvénients du système, ils consistent dans les frais élevés de premier établissement, dans la provision considérable d'eau qui est nécessaire, dans l'action de la gelée, etc., sans compter ceux qui pourraient être révélés par la pratique. Signalons aussi la difficulté de s'approvisionner d'eau pour le fonctionnement des patins pendant la marche, ainsi que celle de pouvoir arriver exactement à commander à la fois tous les robinets des wagons d'un même train.

9

Applications du système glissant.

Ligne d'essai de l'Exposition de 1889. — La première application qui ait été faite du système glissant a été la ligne installée à l'Esplanade des Invalides (fig. 10 et 11). Cette voie était présentée comme type de métropolitain aérien. Elle se composait d'une estacade métallique très légère, de 153 mètres de longueur, reposant sur un sol ayant une déclivité de 1 centimètre par mètre, de sorte qu'une des extrémités se trouvait à 1m,50 en contre-bas de l'autre.

L'estacade TT portait deux files de longrines I en sapin, sur lesquels reposent les rails K. Au-dessous de ceux-ci était installée, sur toute la longueur de

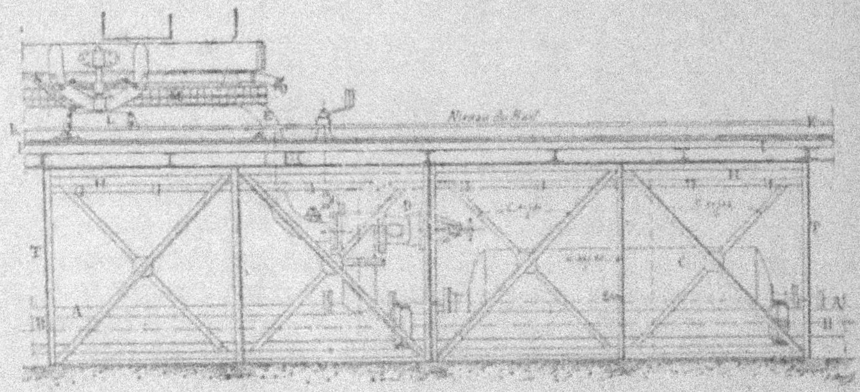

Fig. 10. — Ligne de l'Esplanade des Invalides. — Élévation longitudinale.

A, Conduite maîtresse d'eau sous pression ; — B, Conduite de retour d'eau ; — C, Accumulateur ; D, Propulseur ; — E, Buse du propulseur ; — E', Amortisseur ; — F, maneton du robinet de commande du propulseur ; — G, Robinet de commande du propulseur ; — H, Bâche ou canal collecteur ; — Longrine en sapin ; — K. Rail ; — L. Patin ; — M, Turbine rectiligne double ; — N, Branchement d'alimentation du patin ; — O, Tuyau d'alimentation générale des patins ; — TT, Estacade métallique.

la voie, une bâche en tôle H servant de canal central, qui avait pour but de recueillir les eaux pour les reconduire aux pompes de compression. Des cheminées percées dans ce canal laissaient passer les buses E des propulseurs et les tiges des robinets de commande F.

Les propulseurs étaient branchés sur une conduite générale A, en communication avec les pompes de compression. Sur cette conduite étaient interposés, dans le voisinage des propulseurs, des réservoirs C à air comprimé servant d'accumulateurs. En face de chaque propulseur était un amortisseur.

La conduite maîtresse A était alimentée par des pompes de compression du système Girard, qui étaient actionnées par un moteur à vapeur de 50 chevaux. La force de cette machine serait suffisante pour le service d'une même voie de 6 kilomètres de longueur.

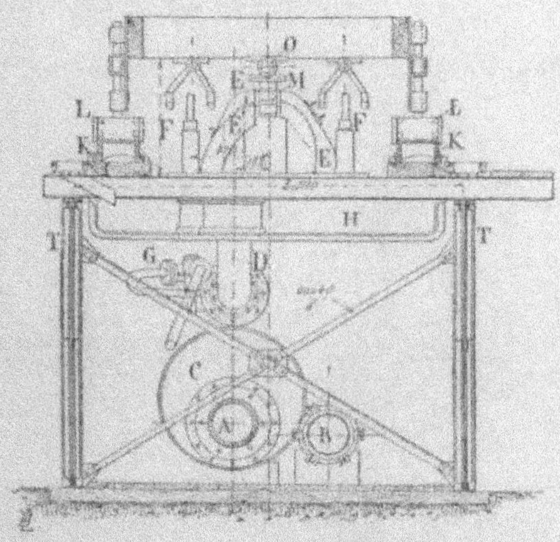

Fig. 11. — Ligne de l'Esplanade des Invalides. Coupe transversale.

Le train se composait d'un tender ayant 6 mètres de longueur, et de deux voitures de 5 mètres, soit une longueur totale de 16 mètres. Afin que ce petit train ne restât jamais en détresse, on avait placé des propulseurs, dans les deux sens, tous les 15 mètres ; mais, dans l'exploitation, il n'y avait en réalité que 8 propulseurs utilisés : 3 pour la descente et 5 pour la montée.

La vitesse maxima obtenue en charge (cinquante voyageurs) a été de 8 mètres par seconde, tant à la montée qu'à la descente. Le poids total était d'environ 14 tonnes, et comme le train était supporté par 14 patins (6 au tender et 4 à chaque wagon), chaque patin supportait donc une charge d'environ 1.000 kilogrammes.

L'eau emmagasinée pour les patins était enfermée dans deux réservoirs à air comprimé placés sur

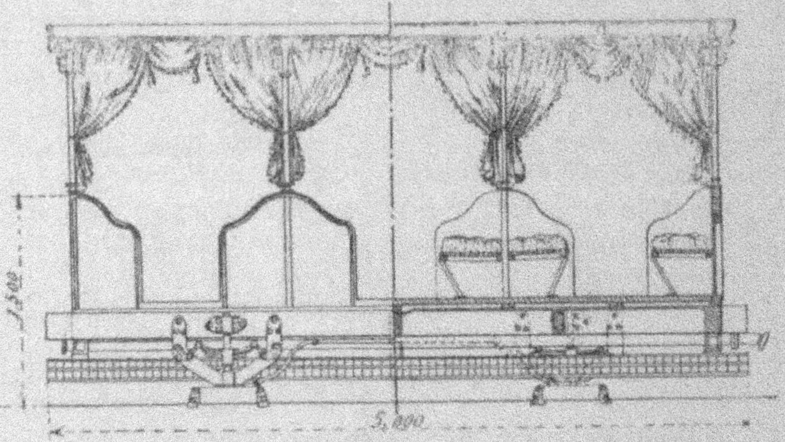

Fig. 12. — Vue extérieure et coupe longitudinale d'un wagon avec patins hydrauliques.

le tender. Ces réservoirs se chargeaient pendant l'arrêt du train, au moyen d'une colonne montante en communication avec la conduite générale, et le volume d'eau emmagasiné (1.628 litres) était les $^2/_3$ du volume total des deux réservoirs. Au départ, la pression était de 9 kilogrammes, de façon à ce que, lorsque toute l'eau est épuisée, il y eut encore 2 kilogrammes de pression disponible. Après un voyage aller et retour, la pression était encore de 4 à 5 kilogrammes, ce qui permettait de faire un autre voyage aller et retour.

La durée totale du trajet aller et retour était d'environ 1 minute. En marchant à une vitesse moyenne de 20 mètres par seconde, on pourrait donc parcourir 2.400 mètres avec l'approvisionnement d'eau du tender.

La dépense d'un patin est en moyenne d'un litre par seconde ; celle d'un propulseur de 28 centimètres carrés de section, sous la pression de 10 kilogrammes est de 105 litres par seconde.

La machine à vapeur qui actionnait les pompes consommait environ 450 kilogrammes de charbon par jour, allumage compris. En supposant que la ligne donne son maximum de mouvement, on pourrait faire un train aller et retour toutes les 3 minutes et demie, soit 144 voyages doubles par journée de 8 heures et demie, ce qui ferait ressortir à un peu plus de 3 kilogrammes la consommation de charbon par train aller et retour.

Il est juste toutefois de faire remarquer que presque tout le travail de la machine était absorbé ici par le démarrage du train, puisque celui-ci, à cause de la faible longueur de la ligne, était obligé de s'arrêter presque aussitôt après avoir démarré, sans avoir eu le temps d'acquérir de vitesse. Or le travail de démarrage est toujours excessivement onéreux, quel que soit le système employé.

Lorsqu'on voulait mettre le train en marche, le conducteur ouvrait au moyen d'un levier placé sur le tender, le robinet d'alimentation des patins. En même temps, on réglait l'ouverture des papillons qui commandent la distribution d'eau sous les patins. Aussitôt le train se mettait en marche par l'action de la gravité et descendait vers le premier propulseur. Lorsque le train avait été actionné par un nombre suffisant de propulseurs, le conducteur, au moyen d'un second levier, mettait les aiguilles d'ouverture au point mort, et le train glissait par sa vitesse acquise. A l'arrivée, on fermait l'injection d'eau sous les patins, et le train s'arrêtait en 10 ou 11 mètres, sans secousse. Si ce robinet d'injection venait, pour une raison quelconque, à ne pas fonctionner, on fermait les papillons et le trai. s'arrêtait. On avait donc deux organes pour arrêter le train, ce qui donnait une sécurité complète. Au retour, c'était le conducteur de queue qui devenait conducteur de tête et manœuvrait l'aiguille d'ouverture des propulseurs.

Ce petit train transportait plus de douze cents visiteurs en six heures et demie de temps, tous les jours, à l'Esplanade des Invalides.

En résumé, le système du chemin de fer glissant, maginé par Girard et perfectionné par M. Barre, a reçu à l'Exposition de 1889, l'épreuve d'une expérienec pratique déjà importante et instructive. Sans préjuger des applications usuelles qui peuvent en être faites dans l'avenir et surtout sans les généraliser par trop *a priori*, il convient de constater que son promoteur a certainement agrandi par de louables efforts le domaine de la mécanique appliquée et qu'il a utilement remis en évidence un principe qui, sans lui, fût peut-être resté regrettablement abandonné.

BIBLIOTHÈQUE NATIONALE BN IMPRIMÉS

TABLE DES MATIÈRES

LE CHEMIN DE FER GLISSANT

BIBLIOTHÈQUE NATIONALE R.F. IMPRIMÉS

ANGERS, IMP. BURDIN ET Cie, RUE GARNIER, 4.

LIBRAIRIE TIGNOL, 45, QUAI DES GRANDS-AUGUSTINS, PARIS

Envoi franco dans toute l'UNION POSTALE, joindre le montant à la demande.

BIBLIOTHÈQUE DES ACTUALITÉS INDUSTRIELLES

1. **Le Transport de la Force par l'Électricité**, par MARCEL DEPREZ et JAPING, 2e édition, 59 figures ..... 5 »
2. **Téléphone, Microphone, Radiophone**, par SCHWARTZE, 119 fig. 4 »
3. **L'Électrolyse et l'Électro-Métallurgie**, par JAPING, 46 fig. 4 »
4. **Les Lampes électriques**, par D'URBANITZKI, 96 fig. ..... 4 »
5. **Les Piles électriques, thermo-électriques**, par HAUCK, 2e édition, 80 fig. ..... 4 »
6. **La Photographie au Charbon**, par LIÉBERT ..... 3 »
7. **Microbes et Maladies**, par KLEIN, 2e édition, 116 fig. ..... 5 »
8. **Guide du Briquetier**, par LEJEUNE, 275 fig. ..... 8 »
9. **Guide du Chaufournier**, par LEJEUNE, 56 fig. ..... 4 »
10. **Les Sonneries électriques**, par G. FOURNIER, 2e édition, 51 fig. 2 50
11. **L'Éclairage électrique dans les appartements**, par M. P. JEFFONT et G. FOURNIER, 3e édition, 14 fig. 1 50
12. **Frottement et Graissage des Mécanismes**, par H. THURSTON, 22 fig. ..... 4 »
13. **Guide pratique du Fabricant de Savons**, par M. G. CALMELS et SAULNIER, 27 fig. ..... 5 »
14. **Terminologie électrique**, par G. FOURNIER 1 50
15. **Guide pratique du Parfumeur** par ASKINSON, 30 fig. ..... 6 »
16. **La Télégraphie optique, La Cryptographie, L'Éclairage électrique à la guerre et la Poste par pigeons**, par MM. MAX DE NANSOUTY, H. MAMY, P. JEFFONT et G. RICHOU, 53 fig. ..... 4 »
17. **Téléphonie industrielle**, par WIETLISBACH, 121 fig. ..... 5 »
18. **Guide de l'amateur photographe**, par P. FABRE-DOMERGUE, 48 figures et un instantané ..... 3 »
19. **Manuel pratique d'analyse des Vins**, par E. ROBINET, 7 pl. 4 »
20. **Manuel général des Vins**, par E. ROBINET, 30 fig. ..... 4 »
21. **Manuel pratique d'exploitation des chemins de fer des rues**, par P. SÉRAFON, 26 planches ..... 6 »
22. **Guide pratique du Distillateur** (fabrication des liqueurs), par E. ROBINET, 9 fig. ..... 4 »
23. **Manuel pratique du fabricant de sucre**, par P. BOULIN, 33 fig. 6 »
24. **Les Accumulateurs électriques** par Sir D. SALOMON 29 fig. 3 »
25. **La Tour Eiffel**, par MAX DE NANSOUTY, 24 fig et 2 planches .. 2 50
26. **Les Machines dynamo-électriques**, par P. CLÉMENCEAU, 116 fig. 3 »
27. **Fabrication de la glace et applications industrielles du froid**, par P. LEBB, 39 fig ..... 4 »
28. **Manuel pratique du brasseur**, par P. BOULIN, 47 fig, et une planche en couleur ..... 9 »
29. **Manuel pratique du drainage** des terres arables, par A. LARBALÉTRIER, 29 fig. ..... 4 »
30. **Manuel pratique du Fabricant d'alcools**, par E. ROBINET ... 3 »
31. **La Soie**, Vers à soie, Filage, Moulinage, Blanchiment, Teinture, par E. VILLON, 68 figures ..... 5 »
32. **Les Corps gras**, Huiles, Graisses, Corps gras minéraux, etc., par VILLON, 24 figures ..... 6 »
33. **Analyse des eaux**, par FABRE-DOMERGUE ..... 2 »
34. **Le Chemin de fer glissant**, par MAX DE NANSOUTY ..... 2 »
35. **La Chaleur**, par CL. MAXWELL ..... Sous presse
36. **Manuel pratique de Métallurgie**, 1re partie L'Acier, par CAMPREDON ..... Sous presse

---

ANGERS, IMP. A. BURDIN ET Cie, RUE GARNIER, 4

www.ingramcontent.com/pod-product-compliance
Ingram Content Group UK Ltd.
Pitfield, Milton Keynes, MK11 3LW, UK
UKHW021515260726
13993UKWH00004B/1680